Vorwort

Liebe Schülerinnen, liebe Schüler!

Ihr lest und schreibt bestimmt gerne Texte.
Deshalb habe ich euch ein Arbeitsheft für das 2. Schuljahr zusammengestellt.
In diesem Heft sind viele abwechslungsreiche Übungen, die euch ermuntern, Texte zu schreiben.
Die Arbeitshinweise geben euch genau an, wie ihr die einzelnen Aufgaben lösen könnt.

Trolli – der Spaßmacher – **begleitet euch** durch das Arbeitsheft und gibt euch viele Ratschläge.

Am Ende des Arbeitsheftes findet ihr Lösungshilfen.
Mit ihnen könnt ihr eure Arbeitsergebnisse überprüfen.

Was ihr alles beim Schreiben von Texten beachten müsst, steht noch einmal zusammengefasst auf der letzten Seite dieses Heftes.

Das Symbol für Partnerarbeit weist euch auf die Möglichkeit hin, mit einem Partner zusammenzuarbeiten.

Z Das Symbol für eine zusätzliche Aufgabe gibt den schneller arbeitenden Schülerinnen und Schülern von euch den Hinweis für eine zusätzliche Arbeitsmöglichkeit.

Dieses Symbol sagt euch, dass ihr eine Aufgabe im Heft lösen oder am Computer bearbeiten sollt.

Nun viel Spaß und guten Erfolg beim Schreiben

wünscht euch euer Autor

Edmund Wetter

Inhaltsverzeichnis

Inhaltsverzeichnis

Löwenzahnsonnen

Löwenzahnsonnen –
eine ganze Wiese voll.
Das glüht und blüht wie toll.
Es dauert nicht lange,
da wachsen aus den Sonnen
Köpfe mit Silberhaar.

Ich spitze die Lippen
und blase die Pracht
in den Wind,
der ganz sacht
die Silberhaare hebt,
rundum verweht
und neue Löwenzähne sät.

Rosemarie Künzler-Behncke

1. Lies den Text genau durch. Von welcher Pflanze erzählt das Gedicht?
2. Was gefällt dir besonders gut an dem Gedicht? Sprecht darüber.
3. Kennst du noch andere Namen für den Löwenzahn? Schreibe sie unter die Bilder.
4. Male die große Löwenzahnblüte gelb an.

Texte Bildern zuordnen

1. Ordne die Sätze des Gedichtes den Bildern zu.

2. Schau im Internet und in Sachbüchern nach, um noch mehr über den Löwenzahn zu erfahren. Schreibe auf. Klebt eure Arbeitsergebnisse auf ein gemeinsames Plakat.

Texte Bildern zuordnen

Winter

Jetzt hat der rote Briefkasten
eine weiße Mütze auf,
schief und verwegen.
Mancher hat bei Glatteis
plötzlich gelegen,
der sonst standhaft war.
Aber der Schnee hat leis
und wunderbar
geblinkt auf den Tannenbäumen.
Was wohl jetzt die Schmetterlinge träumen?

Wolfgang Borchert

1. Lies das Gedicht aufmerksam. Wovon erzählt das Gedicht? Sprecht darüber.
2. Was hast du im Winter erlebt? Erzähle und schreibe auf.
   Diese Bilder und diese Wörter helfen dir: **Schlitten fahren, Schneemann bauen, Schneeglöckchen pflücken, Vögel am Futterhaus füttern, Schneebälle werfen, Schlittschuh laufen.**

Lösungen Seite 47

1. Schreibe die Sätze des Gedichtes neben die passenden Bilder.
Aufgepasst! Die Bilder sind durcheinandergeraten.

2. Was könnte wohl der Schmetterling träumen? Schreibe auf.

Lösungen Seite 47

Spiel und Spaß im Schwimmbad

1 2 3 4

1. Die Sätze sind durcheinandergeraten. Nummeriere sie in der richtigen Reihenfolge.

- ☐ Die Jungen kühlen sich gleich unter der Dusche ab.
- ☐ Heute fahren Felix und Lorenz mit ihren Fahrrädern ins Schwimmbad.
- ☐ Dann spielen die Jungen mit Trolli Wasserball.
- ☐ Anschließend springen sie vom Einmeterbrett ins Wasser.

2. Schreibe die Sätze geordnet auf.

3. Was machst du gerne im Schwimmbad? Schreibe auf.

1. Lies die Sätze leise.

Wir | fahren | heute | ins Schwimmbad.

Wir | spielen | dort | mit dem Wasserball.

Wir | springen | gern | vom Sprungbrett.

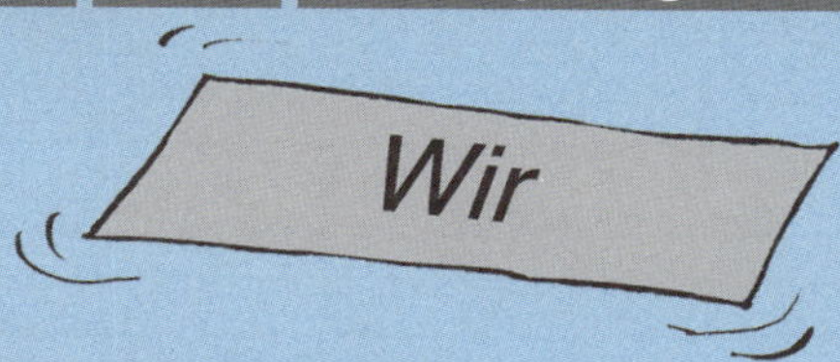

Satzteile lassen sich umstellen

☐ Wir | fahren | heute | ins Schwimmbad.

☐ Heute | fahren | wir | ins Schwimmbad.

☐ Ins Schwimmbad | fahren | wir | heute.

2. Stelle die anderen Sätze aus Aufgabe 1 auch so um wie den ersten Satz.

☐ Wir ______________________________

☐ Dort ______________________________

☐ Mit dem ______________________________

☐ Wir ______________________________

☐ ______________________________

☐ ______________________________

3. Wie gefällt dir der Text am besten? Kreuze die Sätze an, die du auswählst.

4. Schreibe den Text mit deinen Sätzen ab.

Lösungen Seite 47

1. Schreibe zu jedem Bild einen Satz. Die Wörter neben den Bildern helfen dir.
Aufgepasst! Die Satzanfänge musst du großschreiben. Am Ende des Satzes steht ein Punkt.

und er möchte
ein guter Schwimmer
seinen Schwimmpass
machen
Trolli ist

locker schwimmt er
und holt den Reifen
15 Minuten
vom Boden des
Beckens

Sprungbrett
und springt
ins Wasser
Trolli steht auf dem

und lacht
Trolli taucht
auf
aus dem Wasser

Lösungen Seite 47

Im Nebel

Wenn Trolli morgens aufwacht, läuft er immer
zuerst zum Fenster und schaut hinaus.
Draußen gibt es meistens etwas Neues zu sehen.
Heute ruft er erschrocken: „Tim, schau mal nach
draußen. Wo ist die Straße? Wo sind die Häuser?
Wo sind die Bäume? Alles ist weg.“
Tim springt aus dem Bett.
Tatsächlich, da ist nichts mehr zu sehen.
Tim sagt staunend: „Das ist wirklich ein dichter
Nebel. Er hat alles zugedeckt.
Man kann nichts mehr erkennen.
Es ist aber noch alles da.“
Trolli meint plötzlich:
„Ich glaube, da steht ein großer Elefant.“

1. Lies den Text leise. Sprecht darüber.
2. Hast du schon einmal ein Erlebnis im Nebel gehabt? Erzähle.
3. Schreibe zu jedem Bild einen Satz. Diese Wörter helfen dir: **im Nebel, gegen einen Laternenpfahl, Baum, läuft, den Namen, auf dem Straßenschild, sieht aus, nicht lesen, rennt weg, Gespenst**.
Kontrolliere deine Rechtschreibung mit dem Wörterbuch.

4. Besorge dir in der Bücherei ein Buch mit Abenteuergeschichten.

 Lösungen Seite 47

1 2 3 4

1. Die Sätze sind durcheinandergeraten. Nummeriere sie in der richtigen Reihenfolge. Die Bilder helfen dir.

- ☐ Nun schiebt er sein Fahrrad auf dem Gehweg.
- ☐ Tim fährt im dichten Nebel zur Schule.
- ☐ Zu spät bemerkt er in dem Nebel die Mülltonne und stößt dagegen.
- ☐ Gerade noch rechtzeitig erkennt er undeutlich im Nebel das parkende Auto und bremst.

2. Schreibe die Sätze geordnet auf.

Texte Bildern zuordnen

1. Schreibe zu jedem Bild einen Satz. Die Wörter über den Schreiblinien helfen dir.
   Aufgepasst! Die Satzanfänge musst du großschreiben. Am Ende des Satzes steht ein Punkt.

Trolli sitzt / Trolli kuschelt sich / und er schaut / und er späht / im Strandkorb / in den Strandkorb / in den Nebel / in den dichten Nebel

im Nebel / im undurchdringlichen Nebel / Trolli erkennt / undeutlich erkennt Trolli / einige Möwen / mehrere vorbeifliegende Möwen

eine verschwommene Gestalt / eine große, dunkle Gestalt / da nähert sich / da kommt / den Strandkorb / auf Trolli zu

und Trolli erkennt / und Trolli erkennt erleichtert / die Gestalt kommt immer näher / die unheimliche Gestalt kommt dicht heran / seinen Freund / seinen besten Freund

2. Z Du kannst die Sätze auch anders bilden. Schreibe sie auf.

Vater ruft an

Vater: Hallo, Lorenz!

Lorenz: Hallo, Papa!

Vater: Ist zu Hause alles in Ordnung?

Lorenz: Ja, Papa.
Warum rufst du an?

Vater: Ist Mama zu Hause?
Ich habe eine Bitte an sie.

Lorenz: Nein,
Mama ist auf dem Blumenmarkt.
Sie will dort Blumen für unseren
Garten einkaufen.

Vater: Sag Mama bitte, dass ich sie
um 16 Uhr vor dem Reisebüro
Wetter treffen möchte.
Dort gibt es ein Sonderangebot
für eine tolle Ferienreise.
Vielleicht können wir sie buchen.
Wenn Mama nicht kommen
kann, soll sie mich bitte anrufen.

Lorenz: Wird gemacht, Papa. Du kannst
dich auf mich verlassen.
Tschüss, bis heute Abend!

Vater: Bis dann, Lorenz.

1. Lies den Text.
2. Merke dir die wichtigen Informationen.

Merkzettel schreiben

Lorenz schreibt einen Merkzettel, damit er nichts vergisst.

1. Unterstreiche die wichtigen Stichwörter im Telefongespräch, das auf der vorigen Seite steht.
2. Schreibe nun die Nachricht für Mutter auf den Merkzettel.
   Beantworte die Fragen.

Merkzettel

1. Wer hat angerufen? ______________________
2. Wen wollte er sprechen? ______________________
3. Wo will er Mutter treffen? ______________________ ______________________
4. Wann will er Mutter treffen? ______________________
5. Warum will er Mutter treffen? ______________________ ______________________
6. Wann soll Mutter den Vater anrufen? ______________________ ______________________

Ferien am Meer

Lorenz und seine jüngere Schwester Lena verbringen ihre Ferien bei Oma und Opa. Die Großeltern haben ein Häuschen auf einer Nordseeinsel. Es liegt hinter den Dünen am Meer.
Opa hat von allen Unternehmungen Fotos aufgenommen.

gewandert

gebadet

gebaut

gestiegen

gefahren

geritten

Stichwörter in ein Urlaubstagebuch schreiben

Lösungen Seite 47

Lorenz schaut auf Opas Fotos (Seite 16) und schreibt seine Erlebnisse in Stichwörtern in sein Tagebuch.

1. Ergänze das fehlende Wort.

Ferien bei Oma und Opa

auf den Leuchtturm

im Meer

auf dem Deich

durch das Watt

auf Ponys

eine Sandburg

2. Schreibe Sätze in das Tagebuch.

Ferien bei Oma und Opa

Wir sind

Wir haben

Wir sind

Wir sind

Wir sind

Wir haben

3. Besorge dir in der Bücherei ein Buch über Erlebnisse am Meer.

Ein Ferientagebuch schreiben

Urlaubserlebnisse auf einem Bauernhof

Ute und Hannes sind in ihren Herbstferien auf einem Bauernhof.
Ute sitzt unter einem Apfelbaum.
Sie schreibt in ihr Tagebuch, was sie heute erlebt hat.

1. Lies den Text und sprecht darüber.

- Äpfel gepflückt
- Apfelmus gekocht
- Hühner gefüttert
- eine Kuh gemolken
- Salatpflanzen gegossen
- Apfelkuchen gegessen

2. Ergänze die Sätze in Utes Tagebuch.

29. September

Ich habe Äpfel gepflückt.

Ich habe

Ein Ferientagebuch schreiben

Hannes sitzt neben der Hundehütte.
Er schreibt seine Erlebnisse in Stichwörtern in sein Tagebuch.
Hannes kaut an seinem Bleistift und überlegt.

1. Lies den Text und sprecht darüber.

2. Hast du auch schon einmal Urlaub auf einem Bauernhof gemacht? Erzähle!

gepflückt

ausgemistet

eingesammelt

gefegt

gespielt

gegessen

geerntet

3. Ergänze die Stichwörter auf der Tagebuchseite.

29. September

Äpfel geerntet

Pferdestall

Eier

Hof

mit der Katze

Apfelpfannkuchen

Bohnen

Eine Nachricht für Mutter

Anke ist allein zu Hause.
Ihre Eltern wollen einen neuen Esstisch im Möbelhaus aussuchen.
Da bekommt Anke von ihrer Freundin Lena einen Anruf.
Lena möchte Anke zum Reiten auf den Reiterhof abholen.
Anke freut sich und sagt zu.
Sie wollen mit den Fahrrädern fahren.

Nun sucht Anke den Notizblock und einen Bleistift.
Sie schreibt ihrer Mutter eine Nachricht.

Liebe Mama!

Mach dir keine Sorgen.

Ich bin mit Lena auf dem Reiterhof.

Lena hat mich um 15 Uhr abgeholt.

Wir sind mit unseren Fahrrädern gefahren.

Um 17 Uhr bin ich wieder zu Hause.

Deine Anke

1. Schreibe auf, was die Eltern in dieser Nachricht erfahren.

- Mit wem ist Anke weggegangen?
- Wann ist sie weggegangen?
- Wohin ist sie gegangen?
- Wie ist sie dorthin gekommen?
- Wann kommt sie wieder nach Hause?

2. Schreibe selbst eine Nachricht. Lies noch einmal die Fragen. Diese Wörter helfen dir:
um 14 Uhr, mit Ole, Schwimmbad, um 17 Uhr, mit den Fahrrädern.

Julian hat Mutter eine Nachricht geschrieben.
Was hat er vergessen zu schreiben?

1. Lies die Nachricht. Kreuze an.

> Hallo Mama!
>
> Ich spiele Fußball.
> Alles in Ordnung!
>
> Dein Julian

	ja	nein
Anrede	○	○
Seit wann weg?	○	○
Mit wem?	○	○
Wo?	○	○
Was unternommen?	○	○
Wann zurück?	○	○
Unterschrift	○	○

2. Ergänze die Nachricht. Diese Wörter helfen dir: **Tom, Schulhof, um 15 Uhr, um 18 Uhr**.

▶ **Anrede**	Liebe __________ !
▶ **Mit wem?**	Ich bin mit __________ auf dem
▶ **Wo?**	__________ .
▶ **Was unternommen?**	Wir spielen __________ .
▶ **Seit wann weg?**	Wir haben uns __________ getroffen.
▶ **Wann zurück?**	Ich bin __________ wieder zu Hause.
▶ **Unterschrift**	Dein __________

Lösungen Seite 47

Eine Einladung zum Geburtstag

Ruzka hat Geburtstag.
Sie möchte ihren Geburtstag mit ihren Freunden feiern.
Sie schreibt mehrere verschiedene Einladungen.
Dann fragt sie ihren älteren Bruder Baros:
„Welche Einladung soll ich nehmen?“

1. Kreuze an, in welcher Einladung die Freunde erfahren, wann und wo die Feier stattfinden soll.

☐ Vorschlag 1

Liebe Natalie!

Ich lade dich zu meiner Geburtstagsfeier herzlich ein.

Wir werden viele schöne Spiele machen.

Um 19 Uhr bringen meine Eltern dich wieder nach Hause.

Liebe Grüße
deine Ruzka

☐ Vorschlag 2

Lieber Lasse!

Ich lade dich herzlich ein.

Ich will am 15. Mai bei mir zu Hause meinen Geburtstag feiern.

Wir treffen uns um 16 Uhr.

Um 19 Uhr bringen meine Eltern dich wieder nach Hause.

Kannst du kommen?

Viele Grüße
Ruzka

☐ Vorschlag 3

Liebe Lisa!

Ich lade dich herzlich ein.

Ich will am 15. Mai meinen Geburtstag feiern.

Kannst du kommen?

Viele Grüße
Ruzka

2. Schreibe die richtige Einladung auf dem Computer.
3. Was erfährst du aus dieser Einladung? Schreibe auf.

4. Z Wenn du zu deiner Geburtstagsfeier einladen willst, kannst du auch eine E-Mail schreiben.

Einladungen schreiben

Lösungen Seite 47

Du möchtest deine Freunde zur Geburtstagsfeier einladen.
Die Party findet am 14. September statt.
Ihr wollt auf der Kegelbahn feiern.
Du bittest deine Freunde:
„Bringt bitte Turnschuhe mit hellen Sohlen mit."
Die Feier beginnt um 15 Uhr und endet um 19 Uhr.

1. Überlege, was du in die Einladung schreiben musst. Unterstreiche im Text. Schreibe auf.

- Wen lädst du ein? ______
- Warum lädst du ein? ______
- Wo willst du feiern? ______
- An welchem Tag willst du feiern? ______
- Wann beginnt die Feier? ______
- Wann endet die Feier? ______
- Woran sollen deine Gäste denken? ______

2. Ergänze die Einladung.

Lieber Ole!

Ich lade dich zu meiner ______ herzlich ein.

Sie findet am ______ um ______ statt und

dauert bis ______. Wir feiern auf der ______.

Denke bitte an ______ mit hellen Sohlen.

Viele Grüße ______

Eine Postkarte für Onkel Hans

Trolli schreibt eine Postkarte
an seinen Onkel Hans.
Onkel Hans wohnt in Wesel.
Trolli wohnt in Neuwied.

Trolli
Hauptstraße 12
56567 Neuwied

Lieber Onkel Hans,

ich gratuliere dir zu deinem Geburtstag und wünsche dir Gesundheit für dein neues Lebensjahr.
Komm uns bald mal wieder besuchen.

Viele liebe Grüße
dein Trolli

Herrn
Hans Wetter
Wurmflakstraße 1
46485 Wesel

1. Kreise den Absender rot ein.
2. Kreise die Anschrift blau ein.
3. Unterstreiche die Anrede blau. Nimm das Lineal, damit du gerade Striche ziehen kannst.
4. Unterstreiche die Unterschrift rot.
5. Unterstreiche die Sätze im Text grün.

Schreibe auf eine Postkarte immer rechts die Anschrift und links den Absender.

Auf die linke Seite schreibst du außerdem die Anrede, den Text und zum Schluss einen Gruß und deine Unterschrift.

Postkarten schreiben

1. Schreibe die **Anschrift**, die auf der Postkarte (Seite 24) steht.

2. Schreibe den **Absender**, der auf der Postkarte steht.

3. Schreibe die **Anrede**, den **Text**, den **Gruß** und die **Unterschrift**, die auf der Postkarte stehen.

4. Z Schreibe selbst eine Postkarte.

Texte mit treffenden Wörtern ergänzen

1. Ersetze **machen** durch ein genaueres Tunwort.

▶ einen Drachen ~~machen~~	basteln	kochen
▶ ein Bild machen		schreiben
▶ eine Suppe machen		schießen
▶ ein Fenster aufmachen		aufräumen
▶ ein Tor machen		waschen
▶ das Zimmer machen		backen
▶ die Wäsche machen		~~basteln~~
▶ einen Brief machen		öffnen
▶ einen Kuchen machen		malen

2. Ersetze **schön** durch ein genaueres Wiewort. Zeichne eine Verbindungslinie zu dem Wort.

▶ Ich lese ein ~~schönes~~ Buch.	leckeren
▶ Ich sehe einen schönen Film.	freundliches
▶ Mutter backt einen schönen Kuchen.	spannendes
▶ Meine Lehrerin hat ein schönes Lächeln.	aufregenden
▶ Vater fährt ein schönes Auto.	elegantes
▶ Mutter trägt ein schönes Kleid.	schnelles

3. Schreibe die Sätze von Aufgabe 2 auf.

Treffende Wörter verwenden

Lösungen Seite 48

1. Ergänze den Text mit passenden Namenwörtern. Folgende Wörter helfen dir:
Tiere, Zebras, Affen, Ästen, Banane, Gehege, Erlebnis, Zoo, Fell, Zebrastreifen, Bäume, Zaun, Hand, Hände.

____

Wir sind mit unserer Lehrerin in den __________ gegangen. Dort beobachteten wir viele __________. Wir gingen zu den Affen, Elefanten, Eisbären, Giraffen und sahen Pferde, die ein schwarz-weiß gestreiftes __________ haben. Das sind die __________. „Aha!“, sagte ich, „darum heißen die gestreiften Überwege über die Fahrstraße __________.“ Bei den __________ ging es lustig zu. Sie kletterten auf die __________. Sie schaukelten an den __________. Kai stand dicht am __________. Er passte nicht auf, als er seine __________ auspackte. Ein Affe riss ihm die Banane aus der __________. Der Affe saß dann gemütlich im __________ und verspeiste die Banane. Wir lachten laut und klatschten in die __________. Das war unser lustigstes __________ im Zoo.

2. Überlege dir eine Überschrift und schreibe sie über den Text.

3. Z Schreibe über dein Erlebnis mit einem Tier.

4. Besorge dir in der Bücherei ein Buch mit Tiergeschichten.

 Lösungen Seite 48

1. Ergänze die Sätze durch ein passendes Wiewort.
Unterstreiche das Wort, das du einsetzen willst.

▶ Ich habe viele interessante Spielsachen.

▶ Als ich vom Turm auf die Stadt schaute,
sah ich viele ______ Häuser.
kleine
witzige
schnelle

▶ Das Fernsehen brachte ein
______ Kinderprogramm.
leckeres
süßes
spannendes

▶ Bei der Fahrt mit der Achterbahn
hatte ich ein ______ Gefühl im Bauch.
kleines
breites
kribbelndes

▶ Der Swimmingpool in unserem
Ferienhaus war sehr ______.
lustig
groß
durstig

▶ Im Hafen lagen viele
______ Schiffe.
hungrige
höfliche
kleine

▶ Im Radio hörte ich
______ Musik.
salzige
lustige
saure

2. Schreibe die ergänzten Sätze auf.

1. Ersetze **hübsch** durch ein genaueres Wiewort. Zeichne eine Verbindungslinie zu dem Wort.

▶ Laura wünscht sich ein ~~hübsches~~ Fahrrad.	tiefe
▶ Im Garten blüht eine hübsche Blume.	rotes
▶ Auf der Blume sitzt ein hübscher Schmetterling.	warmen
▶ Vater trägt einen hübschen Pullover.	duftende
▶ Tim liest ein hübsches Buch.	bunter
▶ Die Verkäuferin hat eine hübsche Stimme.	spannendes

2. Schreibe die verbesserten Sätze auf.

Du willst Eier kochen

3. Trage in die Lücken ein, was du bei der Anleitung noch genauer wissen willst. Trolli hilft dir.

Stelle einen Topf mit Wasser auf eine ______ Herdplatte. Lege die Eier mit einem Löffel in das ______ Wasser. Willst du die Eier ______ haben, sollen sie ______ Minuten kochen. Willst du die Eier aber ______ haben, lass sie ______ Minuten kochen. Schalte die Herdplatte aus. Nimm die Eier mit einem Löffel aus dem ______ Wasser heraus.

4. Z Schreibe die Kochanleitung mit den eingesetzten Wörtern auf.

Tierrätsel

Trolli hat zum Geburtstag ein Tier bekommen.
Die Kinder der Klasse 2a fragen:
**„Wie sieht es aus? Was kann es?
Was tut es gerne?“** Trolli erzählt:
„Das Fell ist grau und weich.
Der Schwanz ist klein und schwarz.
Die Pfoten sind weiß. Die Ohren sind lang.“
Trolli spricht weiter: „Es lässt sich gern streicheln
und hoppelt im Zimmer hinter mir her.
Es frisst gern Möhren, Löwenzahnblätter und Salat.“
Ein Kind ruft: „Das ist ein

_______________.“ NEHCNINAK

1. Trage den Tiernamen in den Satz ein.
2. Schreibe die sechs Wiewörter auf, die in dem Text stehen.

____

3. Beschreibe dein Lieblingstier. Besorge dir ein Sachbuch in der Bücherei oder schau im Internet nach.

____

____

____

____

____

____

____

Beschreibungen

1. Verbinde die Rätsel mit dem passenden Bild.

2. Schreibe unter jedes Rätsel die Lösung:
Katze, Goldfisch, Kanarienvogel, Schäferhund, Schildkröte.

Mein Tier hat ein schwarzes Fell und weiße Pfoten. Es kann ganz leise schleichen. Es macht einen Buckel, wenn es wütend ist. Wenn es zufrieden ist, schnurrt es leise.

Mein Tier lebt in einem Aquarium. Es hat goldgelbe Schuppen.

Mein Tier ist klein. Es hat einen harten Panzer. Es lebt in einem Käfig. Am liebsten frisst es Salatblätter.

Mein Tier hat gelbe Federn. Es frisst Körner. Es kann singen. Ich halte es in einem Käfig, aber es fliegt auch gern im Zimmer umher.

Mein Tier ist groß. Wenn es aufmerksam ist, stellt es die Ohren auf. Das Maul ist lang mit spitzen Zähnen. Es kann knurren und bellen.

3. Beschreibe ein Tier und lasse es von deinem Partner erraten.

Kleidung erkennen

1. Lies die Texte aufmerksam durch.
   Vergleiche mit dem Bild. Wie heißen die Kinder?
   Schreibe den Namen des Kindes, das das Kleidungsstück trägt, unter den Text.

Es ist blau und grau gestreift.
Es hat vorne einen Reißverschluss.

Das ist ______. ARUAL

Es ist blau. Am unteren Rand ist ein Muster. Es sind Strumpfhosen zu sehen.

Das ist ______. AEL

Es ist blau mit schwarzen Nähten.
Es hat zwei aufgenähte Taschen.

Das ist ______. MIT

Es ist schwarz und eng.
Es hat einen grauen Gürtel.

Das ist ______. ZNEROL

2. Beschreibe das Kleidungsstück, das du am liebsten trägst.

Beschreibungen

1. Trage die fehlenden Wiewörter in die Sätze ein.
Aufgepasst! Einige Wiewörter musst du verändern.

Es hat geschneit. Auf dem Spielplatz liegt überall Schnee.

Die Wippe hat zwei ______ Kissen.
weiß

Auf der Rutsche liegt ein ______ Teppich.
weich

Die ______ Spuren von Vogelfüßen sind zu sehen.
fein

In der Mitte steht ein ______ Schneemann.
groß

Er trägt einen ______ Schlapphut.
alt

Um seinen Hals hat er einen ______ Schal.
blau

Der Schneemann stützt sich auf einen ______ Stock.
lang

Er ist ______. Die Kinder bauen ihm eine ______ Schneefrau.
einsam — lieb

2. Z Schreibe die Sätze von Aufgabe 1 auf.

Gemüse benennen

Die Kinder der Klasse 2a beschreiben Gemüse.

1. Schreibe die Namen der Gemüsesorten auf die Linien.

2. Lies die Rätsel und schreibe die Namen daneben. Die Bilder oben helfen dir.

Lena: Mein Gemüse wächst unter der Erde. Es hat eine braune Schale. Über der Erde sind die Blätter. Man isst die Knolle.
Die Blätter und die Früchte isst man nicht.

Jens: Mein Gemüse ist außen grün und innen hellgrün. Es hat viele kleine Kerne. Es wächst über der Erde.

Edina: Mein Gemüse kann rot, grün oder gelb sein. Innen hat es sehr viele Kerne. Es schmeckt auch roh gut. Es wächst über der Erde.

Kai: Mein Gemüse ist grün. Es wächst auf dem Feld. Man isst die Blätter.

Pablo: Mein Gemüse ist außen rot. Es fängt mit T an. Es wächst über der Erde.

3. Beschreibe ein anderes Gemüse. Lies deiner Klasse dein Rätsel vor und lass sie raten.

Einen Salat zubereiten

1. Was brauchst du für den Salat? Schreibe die Zutaten auf die Linie.

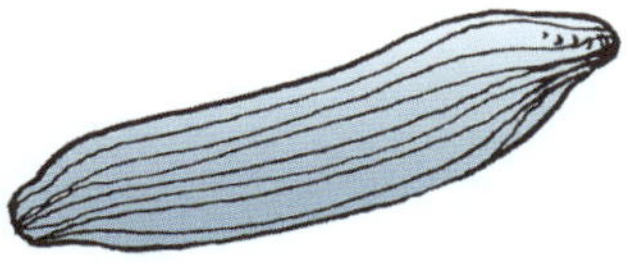

2. Schreibe zu den Stichpunkten Sätze für die Zubereitung.

Gurke waschen, in dünne Scheiben schneiden

Zuerst wasche ich

Tomaten waschen, halbieren, grünen Stielansatz herausschneiden, in Scheiben schneiden

Dann

Salatsoße in eine Schüssel zum Gemüse geben

Nun

Salat mit Salz abschmecken

Schließlich

3. Sammelt in der Klasse Rezepte und legt euch ein Klassenkochbuch an.

Was ist das?

1. Verbinde die Rätsel mit dem passenden Bild.
2. Schreibe unter jedes Rätsel die Lösung.

Es hat einen Bart und manchmal einen Ring. Es ist nicht Mensch oder Tier. Es ist ein Ding.

Wohin du gehst, begleit ich dich. Bei Sonnenschein nur siehst du mich.

Jeder tritt auf ihm herum.

Ich gehe über das Wasser und werde nicht nass.

Es geht und geht in einem fort. Es kommt aber nicht vom Ort.

3. Fertigt euch in der Klasse Karteikärtchen an. Schreibt auf eine Seite das Rätsel und auf die Rückseite das Lösungswort.

4. Denkt euch noch andere Rätsel aus und erstellt eine Rätselkartei.

Lösungen Seite 48

Was Tim mit seinem Drachen erlebt

1. Finde eine Überschrift für die Geschichte.
2. Schreibe zu jedem Bild einen passenden Satz. Du kannst dir selbst Sätze ausdenken. Du kannst aber auch die folgenden Sätze zu den Bildern schreiben:

Dann stürzt er steil nach unten in einen Apfelbaum.

Plötzlich taumelt der Drachen hin und her.

Tim lässt seinen Drachen steigen.

Vater holt den Drachen aus dem Apfelbaum.

Abschnitte einer Geschichte

1. Wie soll die Geschichte enden? Erfinde einen Schluss.
   Diese Wörter helfen dir: **Vater holt den Drachen, Glück gehabt, nichts kaputt, eine Leiste gebrochen, Opa repariert, Papier zerrissen, nun geklebt werden.**

2. Hast du schon einmal einen Drachen steigen lassen? Erzähle.

3. Schreibe deine Geschichte auf.

Eine Sandburg entsteht

Jan und Laura verbringen ihre Ferien bei Oma und Opa an der Nordsee.
Am Strand bauen sie eine Sandburg. Die beiden schaufeln den Sand zu einem großen Haufen zusammen. Sie bauen die Sandburg dicht am Wasser. Trolli klopft den Sand fest.

1. Wie soll die Sandburg entstehen? Schreibe auf, wie die Burg gebaut wird. Folgende Wörter helfen dir: **Burggraben, Brücke, Türmchen, Zaun, schräge Flächen festklopfen, Wasser für den Graben**.

2. **Wortspiel:** Jedes Wort ist aus zwei Namenwörtern zusammengesetzt. Schreibe immer das zweite Namenwort vor das nächste Wort.
Aufgepasst! Das zusammengesetzte Namenwort wird großgeschrieben.

Sandburg, Burghof, hunde,

hütten, fenster, glas,

perlen, ketten, brief,

papier, korb, stuhl

1. Wie willst du die Sandburg verzieren?
Was findest du am Strand? Schreibe auf.
Die Bilder helfen dir.

Ich verziere meine Sandburg mit

2. Schreibe die folgenden Sätze neben das Bild.

Die Flut steigt. Das Wasser umspült die Sandburg und reißt sie ein.
Trolli, Jan und Laura sind traurig.

Abschnitte einer Geschichte

Lösungen Seite 48

Ein guter Rat

1. Überarbeite die Einleitung. Sie darf nur kurz sein. Drei Sätze sind überflüssig. Kreuze diese Sätze an.

- ☐ Anna hat Geburtstag.
- ☐ Anna will endlich ihren Geburtstag feiern.
- ☐ Sie hat viele Kinder eingeladen.
- ☐ Sie hat acht Kinder eingeladen.
- ☐ Endlich kommen die Kinder.
- ☐ Um 15 Uhr kommen die Kinder zur Geburtstagsfeier.

2. Schreibe die Sätze unter das Bild.

Alle Kinder bringen Geschenke mit.

Anna bekommt Blumen und einen Gutschein für einen Kinobesuch.

Sie erhält Überraschungspäckchen.

Einige Kinder schenken ihr Spiele.

3. Z Schreibe diese Sätze am Computer.

Abschnitte einer Geschichte

1. Schreibe die Sätze unter das Bild.

Hannes und Lisa schenken Anna das gleiche Buch.

Was soll Anna mit zwei gleichen Büchern anfangen?

Alle drei sind enttäuscht.

Da hat Hannes eine gute Idee.

2. Schreibe einen Schluss zu der Geschichte. Wähle aus diesen Wörtern aus:
Buchladen, gehen, aussuchen, tauschen, bitten, anderes Buch, gegen, Verkäuferin.

Herbstlaub

1. Nummeriere die Sätze in der richtigen Reihenfolge.

- [1] Im Herbst verfärben sich die Blätter an Bäumen und Sträuchern.
- [ ] Dort schütten sie die Säcke aus.
- [ ] Täglich müssen Kai und Mia das Laub zusammenharken.
- [ ] Sie laden die Müllsäcke auf ihren Rücken und bringen sie zum Komposthaufen.
- [ ] Darum stopfen sie nun rasch die Blätter in zwei Müllsäcke.
- [ ] Der Wind fährt dann durch die Laubhaufen und bläst die Blätter auseinander.
- [ ] Sie wundern sich, dass in dem einen Sack viel mehr Laub ist als in dem anderen.
- [8] Jetzt erst bemerken sie die Löcher in dem einen Sack.

2. Schreibe die Sätze in der richtigen Reihenfolge auf.

3. Male das Bild aus.

Freunde

1. In dem Text ist ein Satz überflüssig. Streiche ihn mit Lineal und Bleistift durch.

Mein Freund heißt Paul.
Er spielt gut Fußball.
Wenn er im Tor steht, hält er die meisten Bälle.
Leider wird er schnell wütend.
Das gefällt mir nicht an ihm.
Ich will noch sagen, dass
Paul mein Freund ist.

2. Kreuze die drei unwichtigen Sätze an.

- ☐ Meine beste Freundin heißt Nadja.
- ☐ Nadja ist meine Freundin.
- ☐ Mit Nadja verstehe ich mich gut.
- ☐ Bei der Einschulung haben wir uns angefreundet und sitzen nun immer nebeneinander.
- ☐ Wir haben immer nebeneinander gesessen.
- ☐ Nadja plaudert keine Geheimnisse aus.
- ☐ Nadja erzählt Geheimnisse nicht weiter.
- ☐ Wir spielen gern zusammen.

3. Schreibe den überarbeiteten Text auf.

Herbst

1. Im Herbst kann vieles Spaß machen.
Schreibe auf, wie sich Leon und Julia am Herbstlaub erfreuen.

2. Im Herbst gibt es noch viel mehr, was Spaß macht. Schreibe auf, was dir besonders Spaß macht. Du brauchst nicht mit allen Wörtern Sätze zu schreiben. Du kannst dir auch andere Sätze ausdenken.

Drachen steigen lassen — **mit Kastanien basteln** — **Äpfel pflücken** — **gegen den Wind laufen**

Osterferien

1. Schreibe auf, was du gern in den Osterferien machst. Du brauchst nicht mit allen Wörtern Sätze zu schreiben. Du kannst dir auch andere Sätze ausdenken.

Ich male die Eier bunt an.

2. Male ein buntes Osterei. Schneide es aus und hänge es an einen grünen Zweig.

Texte Bildern zuordnen

Seite 4 ▶ Nr. 3 ▶ Kettenblume, Pusteblume, Kuhblume, Butterblume

Seite 5 ▶ Nr. 1 ▶ Bild 1: Löwenzahnsonnen – eine ganze Wiese voll. Das glüht und blüht wie toll. Bild 2: Es dauert nicht lange, da wachsen aus den Sonnen Köpfe mit Silberhaar. Bild 3: Ich spitze die Lippen und blase die Pracht in den Wind. Bild 4: der ganz sacht die Silberhaare hebt, rundum verweht und neue Löwenzähne sät.

Seite 7 ▶ Nr. 1 ▶ Bild 1: Aber der Schnee hat leis und wunderbar geblinkt auf den Tannenbäumen. Bild 2: Jetzt hat der rote Briefkasten eine weiße Mütze auf, schief und verwegen. Bild 3: Mancher hat bei Glatteis plötzlich gelegen, der sonst standhaft war. Bild 4: Was wohl jetzt die Schmetterlinge träumen?

Seite 8 ▶ Nr. 1 ▶ 2, 1, 4, 3

Seite 10 ▶ Nr. 1 ▶ Trolli ist ein guter Schwimmer und er möchte seinen Schwimmpass machen.
Locker schwimmt er 15 Minuten und holt den Reifen vom Boden des Beckens.
Trolli steht auf dem Sprungbrett und springt ins Wasser.
Trolli taucht aus dem Wasser auf und lacht.

Seite 11 ▶ Nr. 3 ▶ Bild 1: Trolli läuft im Nebel gegen einen Laternenpfahl.
Bild 2: Trolli rennt weg. Der Baum sieht wie ein Gespenst aus. Bild 3: Trolli kann den Namen auf dem Straßenschild nicht lesen.

Seite 12 ▶ Nr. 1 ▶ 3, 1, 4, 2

Merkzettel schreiben

Seite 15 ▶ Nr. 2 ▶ 1. Papa, 2. Mama, 3. vor dem Reisebüro, 4. 16 Uhr, 5. Sonderangebot für eine tolle Ferienreise, 6. Wenn sie nicht kommen kann

Stichwörter in ein Urlaubstagebuch schreiben

Seite 17 ▶ Nr. 1 ▶ gestiegen, gebadet, gefahren, gewandert, geritten, gebaut

Ein Ferientagebuch schreiben

Seite 19 ▶ Nr. 2 ▶ Pferdestall ausgemistet, Eier eingesammelt, Hof gefegt, mit der Katze gespielt, Apfelpfannkuchen gegessen, Bohnen gepflückt

Nachrichten abfassen

Seite 20 ▶ Nr. 1 ▶ mit Lena, um 15 Uhr, zum Reiterhof, mit dem Fahrrad, um 17 Uhr

Seite 21 ▶ Nr. 2 ▶ Mama, Tom, Schulhof, Fußball, um 15 Uhr, um 18 Uhr, Julian

Einladungen schreiben

Seite 22 ▶ Nr. 1 ▶ Vorschlag 2

Seite 23 ▶ Nr. 2 ▶ Geburtstagsparty, 14. September, 15 Uhr, 19 Uhr, Kegelbahn, Turnschuhe

Treffende Wörter verwenden

Seite 26 ▶ Nr. 1 ▶ malen, kochen, öffnen, schießen, aufräumen, waschen, schreiben, backen

▶ Nr. 2 ▶ aufregenden, leckeren, freundliches, schnelles, elegantes

Seite 27 ▶ Nr. 1 ▶ Zoo, Tiere, Fell, Zebras, Zebrastreifen, Affen, Bäume, Ästen, Zaun, Banane, Hand, Gehege, Hände, Erlebnis

Seite 28 ▶ Nr. 1 ▶ interessante, kleine, spannendes, kribbelndes, groß, kleine, lustige

Seite 29 ▶ Nr. 1 ▶ duftende, bunter, warmen, spannendes, tiefe

▶ Nr. 3 ▶ heiße, kochende, weich, fünf, hart, zehn, heißen

Beschreibungen

Seite 30 ▶ Nr. 2 ▶ Wiewörter: grau, weich, klein, schwarz, weiß, lang

Seite 33 ▶ Nr. 1 ▶ zwei weiße Kissen, ein weicher Teppich, die feinen Spuren, ein großer Schneemann, einen alten Schlapphut, einen blauen Schal, einen langen Stock, ist einsam, eine liebe Schneefrau

Seite 34 ▶ Nr. 2 ▶ Kartoffel, Gurke, Paprika, Salat, Tomate

Seite 35 ▶ Nr. 2 ▶ Zuerst wasche ich die Gurke und schneide sie in dünne Scheiben. Dann wasche ich die Tomaten, schneide den grünen Stielansatz heraus und schneide sie in Scheiben. Nun gebe ich die Salatsoße in eine Schüssel zum Gemüse. Schließlich schmecke ich den Salat mit Salz ab.

Seite 36 ▶ Nr. 2 ▶ Schlüssel, Schatten, Teppich, Brücke, Uhr

Abschnitte einer Geschichte

Seite 37 ▶ Nr. 2 ▶ Tim lässt seinen Drachen steigen. Plötzlich taumelt der Drachen hin und her. Dann stürzt er steil nach unten in einen Apfelbaum. Vater holt den Drachen aus dem Apfelbaum.

Seite 40 ▶ Nr. 1 ▶ Ich verziere meine Sandburg mit Muscheln, Seesternen, Schneckenhäusern und Fähnchen.

Seite 41 ▶ Nr. 1 ▶ Ankreuzen: Anna will endlich ihren Geburtstag feiern.
Sie hat viele Kinder eingeladen.
Endlich kommen die Kinder.

Texte überarbeiten

Seite 43 ▶ Nr. 1 ▶ 1, 6, 2, 5, 4, 3, 7, 8

Seite 44 ▶ Nr. 1 ▶ Ich will noch sagen, dass Paul mein Freund ist.

▶ Nr. 2 ▶ Ankreuzen: Nadja ist meine Freundin.
Wir haben immer nebeneinander gesessen.
Nadja erzählt Geheimnisse nicht weiter.

Wörterliste mit Grundwortschatz

Der Grundwortschatz umfasst ungefähr 700 Wörter. Er ist in diesem Arbeitsheft für die 1. und 2. Jahrgangsstufe zusammengestellt und fett markiert. Mager gedruckt sind die Wörter, die noch hinzugefügt wurden.

A

ab
Abend, Abende
aber
acht
Affe, Affen
alle, alles
als
also
alt, älter
am
Ampel, Ampeln
an
antworten, antwortet
Apfel, Äpfel
April
arbeiten, arbeitet
Arm, Arme
Ast, Äste
auf
Aufgabe, Aufgaben
Auge, Augen
August
aus
Auto, Autos

B

Baby, Babys
baden, badet
Ball, Bälle
Bank, Bänke
Bauch, Bäuche
bauen, baut
Baum, Bäume
bei
Bein, Beine
bewegen, bewegt
bezahlen, bezahlt
Biene, Bienen
Bild, Bilder
bin
Birne, Birnen
bis
bist
bitten, bittet
Blatt, Blätter
blau
bleiben, bleibt
blühen, blüht
Blume, Blumen
Blüte, Blüten
Boden, Böden
böse
braun
Brief, Briefe
bringen, bringt
Brot, Brötchen,
die Brote
Bruder, Brüder
Buch, Bücher
bunt
Busch, Büsche

C

Cent, Cents
Christbaum,
Christbäume
Clown, Clowns
Computer

D

da
danken, dankt
dann
das
dass
dein, deine, deiner
dem
den
denken, denkt
denn
der
des
Dezember
dich
die
Dienstag, Dienstage
dies, diese, dieser
dir
doch
Donnerstag, Donnerstage
Drache, Drachen
drei
du
dunkel
durch

E

Ei, Eier
ein, eine, einer
eins
Elefant, Elefanten
elf
Eltern
Ende, Enden
eng
Ente, Enten
er
Erde
es
essen, isst
euch, eure
Eule, Eulen
Euro, Euros

F

fahren, fährt
fallen, fällt
Familie, Familien
fangen, fängt
Februar
fein
Feld, Felder
Fenster, die Fenster
finden, findet
Finger, die Finger
Fisch, Fische
fliegen, fliegt
Flügel, die Flügel
flüssig
fragen, fragt
Frau, Frauen
Freitag, Freitage
fremd, Fremde
freuen, freut, **Freude**,
Freuden
Freund, Freunde
Freundin, Freundinnen
frisch
Frucht, Früchte
Frühling
füllen, füllt
Füller, die Füller
fünf
für
Fuß, Füße

G

Gans, Gänse
ganz, ganze, ganzer
Garten, Gärten
geben, gibt
gehen, geht
gelb, gelbe
Geld, Gelder
Gemüse
Gesicht, Gesichter
gestern
gesund, gesunde
Giraffe, Giraffen
Gras, Gräser
groß, größer
grün
gut

H

Haar, **Haare**
haben, hat
Hals, Hälse
halten, hält
Hand, Hände
hart, härter
Hase, Hasen
Haus, Häuser
Haut, Häute
Hecke, Hecken
her
heiß
heißen, heißt
helfen, hilft, Hilfe
hell
Hemd, Hemden
Herbst
Herr, Herren
heute
Hexe, Hexen
hier
Hilfe, Hilfen
Himmel
hin
hinter
hören, hört
Hose, Hosen
Hund, Hunde
hundert

I

ich
Igel, die Igel
ihm
ihn, ihnen
ihr, ihre
im
immer
in
ins
ist

J

ja
Jahr, Jahre
Januar
jede, jeder, jedes
Juli
Junge, Jungen
Juni

K

Käfer, die Käfer
Kalender, die Kalender
kalt, Kälte
Katze, Katzen
kaufen, kauft
kein, keine, keiner
Kind, Kinder
Klasse, Klassen
Kleid, Kleider
klein
kommen, kommt
können, kann
Kopf, Köpfe
Körper, die Körper
krank, kränker
Kraut, Kräuter
Kuh, Kühe

L

laufen, läuft
laut
leben, lebt
legen, legt
leicht
leise
lernen, lernt
lesen, liest
Leute
Lexikon, Lexika
Licht, Lichter
lieb, lieben, liebt
liegen, liegt
Löwe, Löwen

M

machen, macht
Mädchen, die Mädchen
Mai
malen, malt
man
Mann, Männer
März
Mauer, Mauern
Maus, Mäuse
mein, meine, meiner
mich
Minute, Minuten
mir
mit
Mittwoch
Monat, Monate
Montag, die Montage
morgen
Mund, Münder
müssen, muss
Mutter, Mütter

N

nach
Nacht, Nächte
Name, Namen
Nase, Nasen
Nebel
nehmen, nimmt
nein
neu
neun
nicht
nichts
nie
Nilpferd, Nilpferde
November
nun
nur

O

ob
Obst
oder
oft
Ohr, Ohren
Oktober
Onkel, die Onkel
Osterhase
Ostern

P

Papier, die Papiere
Pferd, Pferde
pflanzen, pflanzt
pflegen, pflegt
Pizza, Pizzas / Pizzen
Platz, Plätze
Pommes
Puppe, Puppen

Q

Quadrat, Quadrate
quaken, quakt
Qualle, Quallen

R

Rad, Räder
Raupe, Raupen
rechnen, rechnet
reden, redet
Regen
reich
reisen, reist
Rock, Röcke
rollen, rollt
rot
Rücken, die Rücken
rufen, ruft

S

Saft, Säfte
sagen, sagt
Salz, Salze
Samstag, Samstage
Sand, sandig
Satz, Sätze
schauen, schaut
scheinen, scheint
Schere, Scheren
schlafen, schläft
schlagen, schlägt
Schmetterling, Schmetterlinge
Schnee
schneiden, schneidet
schnell
schon
schön
schreiben, schreibt
schreien, schreit
Schuh, Schuhe
Schule, Schulen
schwarz
Schwester, Schwestern
sechs
sehen, sieht
sehr
Seife, Seifen
sein, seine, seiner
seit
Sekunde, Sekunden
September
sich
sie
sieben
sind
singen, singt
sitzen, sitzt
so
Sohn, Söhne
sollen, soll
Sommer
Sonne
Sonntag, Sonntage
Spaghetti
sparen, spart
spielen, spielt
Sport
Stange, Stangen
Stängel
stehen, steht
stellen, stellt
Stift, Stifte
still
Stirn, Stirnen
Strauch, Sträucher

Stunde, Stunden
suchen, sucht

T

Tag, Tage
Tante, Tanten
Tasche, Taschen
Tasse, Tassen
Teddy, Teddys
Tee, Tees
Telefon, Telefone
Temperatur,
Temperaturen
Thermometer,
die Thermometer
Tier, Tiere
Tochter, Töchter
tragen, trägt
trinken, trinkt
turnen, turnt

U

üben, übt
über
Uhr, Uhren
um
und
uns, unser, unsere
unten
unter

V

Vase, Vasen
Vater, Väter
Verkehr
versuchen, versucht
viel
vier
Vogel, Vögel
vom
von
vor

W

Waage, Waagen
wann
warm, Wärme
warten, wartet
warum
waschen, wäscht
was
Wasser
Weg, Wege
Weihnachten
weil
weiß
weit
weiter
welche, welcher
wem
wen
wenig
wenn
wer
werden, wird
Wetter
wie
wieder
Wiese, Wiesen
Wind, Winde
Winter
wir
wo
Woche, Wochen
wohnen, wohnt
wollen, will
Wort, Wörter
wünschen, wünscht
Wurzel, Wurzeln

X

X-Beine
Xylofon
auch: Xylophon

Y

Yacht
auch: Jacht, Jachten
Yak, auch: Jak, Jaks
Ypsilon

Z

Zahl, Zahlen
zählen, zählt
Zahn, Zähne
Zebra, Zebras
Zehe, Zehen
zehn
zeigen, zeigt
Zeit, Zeiten
Zimmer, die Zimmer
zu
Zucker
zum
zur
zusammen
zwei
Zwiebel, Zwiebeln
zwölf

Kleine Hilfestellung beim Schreiben von Texten

Beachte beim Schreiben von Texten Folgendes:

1. Schreiben ist leichter, wenn du dir Stichwörter zu deiner Überschrift notierst.
2. Bringe deine Stichwörter in die gewünschte Reihenfolge.
3. Schreibe ganze Sätze mit den Stichwörtern, die in deiner Geschichte vorkommen sollen.
4. Achte auf eine kurze Einleitung, einen ausführlichen Hauptteil und einen kurzen Schluss. Denke auch an die Überschrift.
5. Wenn du mit dem Schreiben fertig bist, musst du deinen Text nochmals lesen, prüfen und vielleicht überarbeiten.

   Die folgenden Tipps helfen dir dabei:

   - Wenn du einen Text aufschreibst, bleibe in einer **Zeit**.
     Beispiel: Gegenwart – Das Auto **biegt** um die Straßenecke.
     Vergangenheit – Das Auto **bog** um die Straßenecke.
   - Durch **treffende Tunwörter** kannst du einen Vorgang genauer beschreiben.
     Beispiel: Er macht das Fenster zu. Er **schließt** das Fenster.
     Er macht das Fenster auf. Er **öffnet** das Fenster.
     Er macht das Fenster sauber. Er **putzt** das Fenster.
   - Durch **passende Wiewörter** kannst du ein Namenwort genauer beschreiben.
     Beispiel: Der Fußballspieler erzielte mit seinem Schuss ein Tor.
     Der Fußballspieler erzielte mit seinem **scharfen** Schuss ein Tor.
   - Ordne deine Sätze in der **richtigen Reihenfolge**:
     1. Achte auf die zeitliche Reihenfolge.
        Was geschieht zuerst?
        Was geschieht dann?
        Was geschieht später?
     2. Achte auf die örtliche Reihenfolge.
        Wo geschieht die erste Handlung?
        Wo geschieht die nächste Handlung?
   - Achte auf **verschiedene Satzanfänge**:
     zuerst …, dann …, schließlich …, deshalb …,
     danach …, gleich darauf …, oft …, meistens … usw.
   - Denke an einen **abwechslungsreichen Satzbau.**
     Du kannst die Satzglieder umstellen.
     Beispiel: Heute gehe ich ins Schwimmbad.
     Ich gehe heute ins Schwimmbad.
     Ins Schwimmbad gehe ich heute.